어쩐지 좋은 일이 생길 것 같아

Prologue 🐾

오늘도 괜찮은 하루를 보내셨나요?

우리는 반복되는 날들 속에서도
그 안에서 어딘가 특별한 순간을 찾아
매일을 여행하듯 살아가는 것 같아요.

매일 나서는 집 앞에서,
늘 함께 걷던 산책길에서,
자주 들르던 카페에서,
애써 앉아 있던 책상 앞에서도.

꼭 특별한 이벤트가 있어야만
괜찮은 하루가 되는 건 아니에요.
익숙한 풍경들을 조금만 더 찬찬히 들여다보면,
오늘을 환하게 밝혀 줄
소소한 기쁨이 기다리고 있을 거예요.

길가에 피어 있는 꽃을 마주하거나,
귀여운 고양이가 말을 걸어오거나,
오늘의 커피 향이 유난히 좋거나,
기다리던 택배가 마침내 도착한 순간처럼요.

그런 소소한 행복을 보여 드리고 싶어
일상 속에서 문득 발견할 수 있는
작은 상상들을 모아 보았어요.

우리 함께,
괜찮은 하루를 만들어 가는 여행을 떠나 볼까요?

01

웃는 날이 많아질 거야

소복이 쌓인 눈이
따스한 봄빛에 살며시 눈을 감듯
마지막 인사를 건네.

순백의 겨울이 남기고 간
희미한 자취를 따라 걷다 보면
곧 새하얀 봄을 만날 수 있을 거야.

어쩌면 겨울은 마지막까지
우리에게 가장 맑갛고 희디흰 봄을
보여 주고 싶었던 걸지도 몰라.

누군가 나를 기다리고 있는 것만 같은 기분에
조심스레 문을 열어 보니
찬란한 봄이 햇살을 두른 채
고요히 서서 나를 기다리고 있었지.

겨울을 배웅하고
문 앞까지 찾아온 봄이 다정히 속삭였어.

"너에게 가장 예쁜 분홍빛을 데려왔어."

붉게 타오르는 노을 아래
온 세상이 핑크빛으로 물들면
내 안에도 설렘이 수채화처럼 번져 가.

이 마음을 비눗방울에 담아
바람이 머무는 곳까지 날려 보내자.

어쩌면 핑크빛 하늘 어딘가에
내 진심이 닿아
작고 은은한 빛으로 반짝일지도 몰라.

봄바람이 솔솔 불어오는 날,
버스에 몸을 실었을 뿐인데
어느새 짧은 여행이 시작된 기분이야.
이 버스는 나를 어디로 데려갈까.

익숙한 정류장을 지나
낯선 길 위를 달리고 있지만
이상하게도 두려움보다
잔잔한 기쁨이 더 크게 다가와.

그렇게 두근거림을 안고 떠난 여행도
언젠가는 내려야 할 곳에
닿는 순간이 오겠지.

다음에도 우리,
꼭 다시 만나 어디든 함께 가 보자.

상쾌한 봄바람을 가르며
함께 달려 볼까?

따가운 햇볕 아래
뜨겁게 달아올랐던 마음도
서서히 식어 가고,

스쳐 지나가는 풍경처럼
지금의 고민들도
언젠가는 가볍게 흘러갈 거야.

그러니 지금의 속도와 바람,
나란히 달리는
이 순간의 우리를
마음 깊이 간직하며

모든 걱정은 바람에 실어
훌훌 털어 보내 봐.

봄볕을 가득 머금은
초록 새싹의 싱그러움이 느껴져.

작게 핀 봄꽃도,
동그랗게 몸을 말아 고개를 드는 고사리도
바람결에 실려
살랑살랑 춤을 추고 있어.

우리도 그 사이에서
발끝을 맞춰
봄의 선율에 몸을 맡겨 보자.

노란빛에 둘러싸인 너를 바라보다가
문득 생각했지.

이 계절이 사람으로 태어난다면
아마 지금의 너 같은 모습일지 모르겠다고.

아무 말 없이도
너는 내게 가장 따뜻한 순간을 알려 주었고,

너를 감싸고 있던 색으로
이 봄을 가득 채우고 싶어졌어.

하늘빛처럼 자유로워지고 싶은 날이 있는가 하면
연보랏빛처럼 차분히 가라앉고 싶은 날도 있고,
분홍빛처럼 살짝 설레고 싶은 날도 있지.

그렇게 그날의 기분에 따라
나의 매일은 조금씩 다른 색을 띠곤 해.

오늘 너의 하루는
어떤 색으로 물들고 있을까?

꼭 마음에 드는 색이 아니어도 괜찮아.
지금 너를 감싸고 있는 그 빛이
가장 솔직한 마음일 테니까.

너의 연락을 기다리는 이 순간,
사소한 알림음에도
마음이 먼저 달려가고

별것 아닌 이야기 속에서도
자꾸만 웃음이 피어나.

네 생각 하나만으로
아무렇지 않던 하루가
이렇게 따뜻해질 수 있다는 게
참 신기해.

오래 망설이다 꺼낸 말들 속엔
꾹꾹 눌러쓴 글씨처럼
너를 향한 진심이 깊이 스며 있어.

네가 어떤 표정으로 이 편지를 읽을지
상상만 해도 마음이 간질거려.

말로는 다 담기지 않아서
글에 실어 보낸 내 마음이
언젠가는 꼭 너에게 닿기를 바라.

이것저것에 쫓기듯 보낸 하루 끝에
무심코 눈에 들어온 책 한 권을 골라
책장을 천천히 넘겨 보았어.

그 안의 모든 문장과 푹 기댈 수 있는 공간이
수고했다고, 애썼다고
나를 감싸안아 주는 것만 같아.

유난히 지루하고 심심한 날,
너와 즐겨 했던 게임들을 꺼내어
하나둘 다시 해 보았어.

기억을 따라 손을 움직이자
그때 우리의 웃음소리가 어렴풋이 떠오르고,
따분함도 어느새 저 멀리 사라졌지.

다음엔 또 어떤 게임을 함께하게 될지
벌써부터 너무 기다려져.

오늘은 아침부터 괜스레
기분이 들떠.

겨우내 묵혀 두었던
두툼한 옷들을 정리하고
오래전부터 아껴 둔 옷을 꺼내 입으니
마음도 덩달아
가벼워지는 기분이야.

시간이 다가올수록
거울 앞을 몇 번이고 서성이며
매무새를 확인하게 돼.

이 설렘을 안고 너를 만나러 갈게.
조금 이따 보자.

몽글몽글한 구름이 뜬 아침,
오늘의 하늘을 꼭 닮은
폭신한 오믈렛을 먹을 거야.

해야 할 일들이
나란히 줄지어 기다리고 있지만

포근하게 감싸 주는 오믈렛 한 입이면
오늘 하루는 어떤 일도
부드럽게 흘러갈 것 같아.

오지 않는 버스를 기다리며
이런저런 상상을 해.

정류장의 터줏대감 고양이에게
따끈한 차와 물고기 간식을 건네면
근처에 숨어 있던 고양이들도
차차 모습을 드러내
함께 버스를 기다려 줄지도 몰라.

말없이 곁을 지켜 주는
다정한 온기 덕분에
기다림이 더는 외롭지 않게 느껴져.

카메라를 들고 거리로 나가
소담한 풍경을 찍고
편안해 보이는 너의 모습을 담았어.

보기 좋게 다듬어진 순간만이
좋은 사진은 아니더라.

조금은 평범해 보여도
우리의 일상이 고스란히 담긴 장면이야말로
가장 완벽한 사진일지도 몰라.

도서관 한편에 앉아 있지만
머릿속은 이미 여러 생각들로 가득해.

글자 위로 피어오르는 이야기들을
가만히 들여다보면
그리 무거운 것만은 아니야.

그러니 오늘은
생각의 바다를 자유롭게 헤엄쳐 볼래.

책으로 둘러싸인 방 안에 누워
마음에 쏙 드는 책 한 권을 골라
우리만의 피크닉을 떠나.

뭉게뭉게 피어난 구름이
살며시 그림자를 드리우고

살랑이는 책장의 숨결은
기분 좋은 바람처럼 다가와.

책의 숲 한가운데서
이 여유로운 시간을 즐겨 봐.

너희의 이야기에 귀를 기울이며
나란히 앉아 있는 지금,

마음 깊은 곳까지
고요한 밤이 내려앉아.

우리에게 정말 필요했던 건
크고 대단한 무언가가 아니라

아무것도 설명하지 않아도 괜찮고
조급해하지 않아도 되는
이런 시간이었는지도 몰라.

화분 하나하나마다
다른 얼굴을 짓고 있는 너희를 바라보았어.

잎사귀를 살며시 쓰다듬고,
자갈을 고르게 펴 주고,
마르지 않게 물을 흠뻑 적셔 주며
저마다 다른 필요를 채워 주다 보면
문득 내게 필요한 건
무엇일까 하는 생각이 들어.

너희를 돌보는 이 시간 속에서
나도 나를 조금씩 더 이해하게 되나 봐.

모두가 잠든 차가운 밤,
나만의 조용한 공간으로 너희를 초대할게.

온실 가득 달빛을 채워 두고
우리만의 온기로 서서히 물들여 보자.

따스한 달빛 아래에서는
언제든 잠시 멈추어 쉬어 가도 괜찮아.

굳게 닫아 두었던 마음이
조금씩 열리면서
우리를 더 포근하게 감싸 줄 거야.

어느새 나도 모르게
깊은 공상에 빠져 있었어.

발끝에 닿는 시원한 물결도
유유히 헤엄치는 물고기들도
조용히 생각에 잠긴 나를 찾아와
슬며시 살갗을 간지럽혀.

그 조그마한 움직임이
마음 어딘가에 닿아
잠시나마 숨 쉴 틈을 내어 준 것 같아.

책장을 넘기던 순간,
글 속 풍경이 창밖으로 스르르 번지더니
눈앞에 푸른 바다가 펼쳐졌어.

마치 책이 손을 내밀어
나를 부드럽게
바닷속으로 이끄는 듯했지.

숨결마저 둥글게 퍼지는 그곳에서
세상의 소음은 아득히 멀어지고
마음은 물빛처럼 맑아져.

빨간 꽃 한 송이의 속삭임을 들으며
짧은 꿈을 꾸었어요.

발끝에 닿는 작은 토끼풀,
동그랗게 피어난 튤립,
연분홍 속 노란빛을 품은 접시꽃까지.

모두 저마다의 결을 따라
조금씩 다른
초록빛 이야기를 보여 주었어요.

모양도 색도 다른 존재들이
함께 어우러져
하나의 아름다운 계절이 되었죠.

02

천천히 걸어도 괜찮아

햇빛이 쨍쨍한 한낮에는
조금만 걸어도 쉽게 지치곤 해.

그럴 땐 잠시 걸음을 멈추고
하늘을 올려다보는 건 어때?

하늘색 도화지에
뭉게뭉게 번진 하얀 구름을 바라보다 보면
이 여름도
조금은 좋아질지도 모르잖아.

어딘가 지루한 마음에
종이를 쭉 찢어 비행기를 접어 날렸어.

지금 너는 무엇을 하고 있을까?
혹시 너도 나처럼 이 시간을
지루함으로 채우고 있는 건 아닐까?

하늘을 가로지르며 날아가는 종이비행기가
너의 지루함도 데려가 줬으면 해.

이렇게 구름 한 점 없이
맑고 화창한 날엔
이상하게 비를 맞고 싶더라.

그래서 투명한 우산을 펼치고
샤워기를 세차게 틀었어.

우산 위로 토독토독 떨어지는
물방울 소리가
꼭 진짜 빗방울처럼 들리거든.

그 소리 너머
잔잔히 퍼지는 물웅덩이 위로
문득 네 생각이 아른거려.

지난밤 모아 둔 밤하늘을
수영장에 살며시 풀었더니
그날의 별빛들이
물결을 따라 천천히 번져 나갔어.

우리가 함께 바라보았던 그 밤은
이렇게도 빛나고 있었구나.

우리가 나눈 시간 속에는
이런 반짝임이 담겨 있었구나.

다음에는 또 어떤 빛을 마주하게 될지
다가올 그 밤이 벌써 기다려져.

우리의 밤하늘로 가득 찬 수영장 안에서
별빛 하나하나가 조용히 반짝이며
물안개처럼 피어오르고 있어.

밖에서도 반짝이던 우리의 시간은
물속에서 바라보니
더 환히 빛나고 있더라.

너도 이 물빛 속에서
함께 헤엄쳐 보지 않을래?

비가 한차례 쏟아지고 난 뒤
거리에 커다란 하늘이 생겼어.

거센 비를 묵묵히 견뎌 냈다며
구름에 가려 보여 주지 못했던 풍경을
이제야 꺼내 놓는 것 같아.

이 투명한 구름을 건너면
앞으로 다가올 여름날에도
이렇게 맑은 하늘이
우리를 기다려 줄 거야.

부슬부슬 내리던 비가 그치고
여기저기서 여름꽃들이 인사를 건네.

젖은 나뭇잎 사이로 피어나는 여름은
어떤 색을 닮았을까?

아마도 비가 갠 뒤의 하늘처럼
선명하고 짙은 푸른색일 거야.

우리의 여름도 그렇게
싱그러운 빛으로 가득 채워 보자.

뜨거운 햇볕이 내리쬐는 오후,
테라스에 파라솔을 펴고
우리만의 그늘을 만들었어.

숨 쉴 때마다 느껴지는 더위도,
귓가에 울리는 매미 소리도,
햇빛을 한껏 머금은 초록 잎들도
올여름이 이렇게나 찬란하다고 속삭여 줘.

어쩌면 새빨갛게 익은 수박은
이 여름의 한 조각일지 몰라.

우리 함께
이 여름을 나누어 먹어 보자.

선선한 바람이 불어오는 날,
계단참에 고양이들과 둘러앉아
조그만 티파티를 열 거야.

몽글한 우유 거품이 올라간 밀크티와
곁들여 먹기 좋은 귀여운 구움 과자,
좋아하는 책 몇 권,
그리고 금방이라도 데구르르 굴러갈 듯한
노을빛 오렌지까지.

풋풋한 기억의 조각들이
비눗방울에 실려
햇살 사이로 살랑살랑 떠오르는 듯해.

무더운 여름,
가끔은 신기루를 보는 듯한 기분이 들어.

길을 걷던 고양이가 말을 걸어오거나
자판기 속에 음료 대신
작은 물고기들이 가득 차 있는 것처럼 말이야.

여름이 반짝이며 건네는
그런 환상들을 마주할 때면
잠시 모든 고민이 잊히는 것 같아.

너의 여름도
그저 덥고 지치기만 한 시간이 아니라,

신기루처럼 아름다운 순간들을
하나씩 마주하며
소소한 행복을 발견하는 계절이 되길 바라.

방 안에 물고기 모양 모빌을 걸고
튜브에 바람을 가득 불어 넣었어.

꼭 어딘가로 멀리 떠나야만
여름휴가는 아니니까.

같이 웃고 노는 이 시간이야말로
가장 좋은 휴가가 아닐까?

어서 내 옆으로 와.
우리 함께
이 여름을 시원하게 보내자.

작게 꾸려 본 텃밭에서
붉게 익어 가는
구슬 같은 방울토마토를 바라보다가

여름 동안 우리도
얼마나 자라났을지 생각해.

함께 보낸 이 계절의 햇살이
뜨겁고 또렷했던 만큼

우리의 마음도
선명한 색으로 무르익었을 거야.

번잡한 여름을 피해
욕조에 물을 가득 채우고
그 안에서 내가 좋아하는 시간을 보내.

조용하고 시원한 시간 속에서 읽는 책은
평소와는 또 다른 느낌으로 다가와.

너도 이 고요한 순간의 한 모퉁이에
잠시 기대어 보길 바라.

상쾌한 바람이 코끝을 스치는 날엔
괜스레 마음이 편안해지고
자꾸만 웃음이 나와.

이런 날엔 밖으로 나와
바람이 이끄는 대로
어디든 함께 걸어 보지 않을래?

그곳이 어디라도 괜찮아.
너와 나란히 걷는 것만으로도
오늘은 충분히 멋진 하루가 될 테니까.

무언가 끝나기를 기다리는 시간은
늘 지루하게만 느껴져.

좋아하는 책을 읽어 보기도 하고
게임을 하거나
음악을 듣기도 했지만

너와 같이 앉아 있는 순간이
가장 즐거운 것 같아.

다음번에도 꼭
그 기다림을 너와 함께하고 싶어.

쏴아아— 쏴아아—
나뭇잎들이 바람에 스치며
작은 파도를 일으킬 때면
꼭 바다 한가운데에
떠 있는 듯한 기분이 들어.

초록 잎 사이로
물고기들이 유영하고
물빛 그림자가
천천히 일렁이는 이 순간,

너와 함께 초록의 바다를
바라보는 것만으로도
소란하던 마음이 평온해져.

햇살을 머금은 책 속에서
잊고 지내 온 감정이 활짝 피어났어.

우리의 여름은
이런 모양을 하고 있었구나.

해사하게 웃는 해바라기처럼
너의 여름도
화사한 노란빛을 닮아 있길 바라.

무더운 바람에 마음마저 요동치면서
생각이 많아지고
고민이 길어지다 보니

문득 출출한 기분이 들어
한밤중에 냉장고 문을 열어 보았어.

너는 이런 기분일 때
가장 먼저 무엇을 찾게 돼?

네 마음을 토닥여 주는 그 무언가가
내 마음도 함께
다독여 줄 것만 같아.

잠시 쉬어 가도 괜찮아.
열심히 달리기 위해선
숨 고르는 시간이 꼭 필요하니까.

아무것도 하지 않아도 괜찮은 날,
너와 말없이 함께 있기만 해도
큰 위로가 되고
다시 달릴 수 있는 힘이 생겨.

의자들을 모아
그 위에 좋아하는 이불을 덮고,

예쁜 무늬의 담요와
푹신한 베개들을 챙겨
우리만의 아늑한 아지트를 만들었어.

그 안에 나란히 누워
너의 모습을 천천히 그려 봐.

늘 쓰던 이불과 베개였지만
너와 함께하는 이 순간 덕분에
어쩐지 이 공간이
조금 더 특별해진 것 같아.

늦은 시간까지 책상 앞에 앉아 있으면
고양이가 훌쩍 올라와
책 위에 털썩 앉아서는
비켜 줄 생각이 없어 보여.

방해하는 것처럼 느껴질 수도 있지만
어쩌면 잠깐의 쉼을
주고 싶었던 건지도 몰라.

이때만큼은
정신없이 하던 일은 미뤄 두고
따뜻함을 품에 안아 봐.

마음 가득 온기가 채워질 거야.

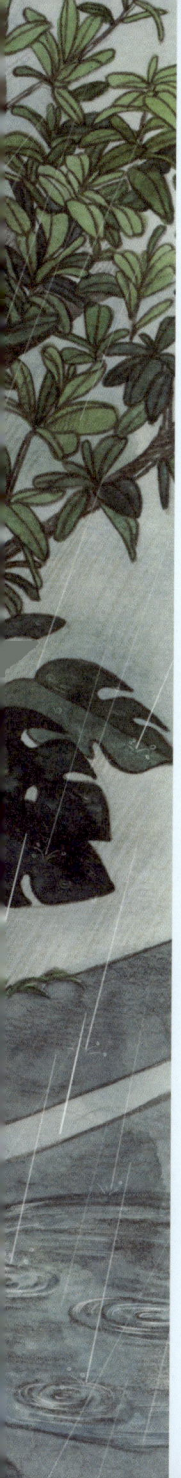

종일 비가 내려서 그런지
어딘가 울적한 기분이 들어
물웅덩이가 고인 거리를 거닐었어.

비를 피할 곳이 필요했던 고양이가
야옹거리며 우산 안으로
불쑥 들어와 나에게 말을 걸어왔지.

야옹, 야옹—

우울했던 마음도
빗소리에 묻혀 사라져 버린 듯해.

고양이와 함께
우산을 나눠 쓰고 걷다 보니
평소엔 그냥 지나치기만 했던
낯선 길에 다다랐어.

토독토독—
우산을 두드리는 빗소리에
나도 모르게
기분이 말랑해져.

지금 이 순간,
너도 나와 같은 마음일까?

별빛이 내려앉은 밤바다,
물결 위로 반짝이는 윤슬,
하얗게 부서지는 포말.

그 모든 장면이
마치 어두운 밤 사이에서도 빛나는
너를 닮은 것 같아.

이 순간을
영원한 사진처럼 마음속에 남겨 두고
누구에게든 꼭 들려주고 싶어.

반짝이는 바다 끝자락에 앉아
파도에 밀려온 조각들을 들여다보니
그 안에 밤하늘이 담겨 있어.

손안에 살며시 내려앉은 별이
혹시 네가 하고 싶은 이야기일까?

파도 소리에 귀를 기울이다 보면
어디선가 나지막한 목소리가
들려오는 듯해.

나는 지금 이 자리에서
여전히 너를 기다리고 있어.

이곳에서 너의 이야기를 들려줘.

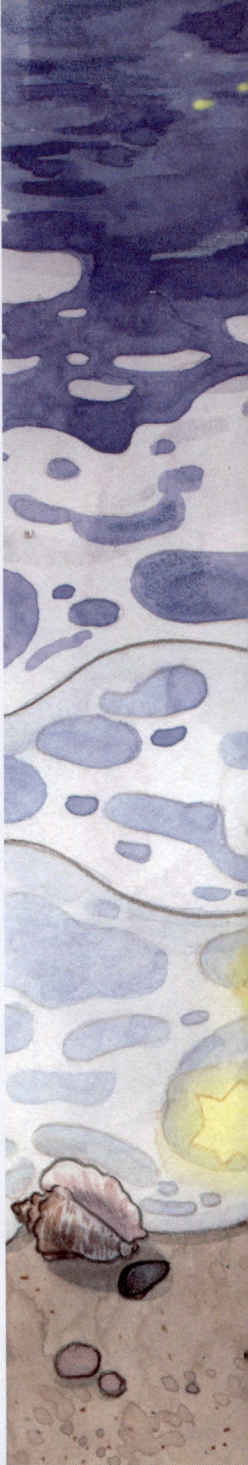

모두가 잠든 밤으로
여행을 떠나자.

어둑한 하늘에 비친 내 모습은
어딘가 낯설게 느껴져.

이 여행이 끝나면
나는 어떤 나와 마주하게 될까.

어쩌면 아직 만나 보지 못한
내 안의 나를
마주하게 될지도 몰라.

늦은 밤,
문득 네 생각이 나
익숙한 너의 번호를 눌러.

오늘도
전하지 못한 말들만
늘어놓고 말았네.

꿈에서라도
이런 내 마음이 닿았으면 해.

좋은 꿈 꾸고
우리, 내일 만나자.

03

오늘이 특별해질 거야

밤새 쏟아진 별들을
하나씩 주워
가방 깊숙이 숨겨 놓았어.

혼자만 보고 싶은 마음에
꼭꼭 담아 두었는데

길 위로 별들이
와르르 쏟아져 버렸지.

쏟아진 건 별들이 아니라
내 욕심들이었나 봐.

노랗게 물든 은행잎이
팔락이며 흔들리는 모습이
마치 노란 물고기 한 마리가
하늘을 헤엄치는 것 같아.

우리 쪽으로 다가오는
이 노란 물고기는
우리에게 어떤 가을을 선물해 줄까.

너와 함께라면
분명 가장 따뜻한 가을이 될 거야.

미로처럼 쌓인 책들 사이에서
빛나던 너의 모습을 보았어.

형태는 보이지 않고
동그랗게 맺힌 빛의 흔적만이
남아 있었지만

그날 내가 보았던 너였다는 걸
나는 알 수 있었지.

너의 빛을 따라 걷다 보면
언젠가는 알게 될 거야.

무엇이 너를
그렇게 빛나게 했는지를.

지난밤, 창문 너머에서
밝게 빛나던 달을 찾기 위해
그 자취를 따라가 보기로 했어.

지도와 책 속에 새겨진
작은 표식들을
하나하나 찾다 보면

언젠가는 그 달을
다시 마주하게 될 거야.

그 달은 아마
내가 오래도록 마음속에 품어 온
따스하고 포근한
행복이라는 이름의 빛이 아닐까
어렴풋이 생각해 보았지.

어떤 책을 읽을까 고민하던 중
유독 눈길이 머문
책 한 권을 골라
천천히 책장을 넘겼어.

그 순간,
그림 속에 떠 있던 달 하나가
팔랑—
책 밖으로 떠올랐지.

'나를 찾아 여기까지 잘 와 주었구나.
이제 너의 밤을 내가 더 환히 밝혀 줄게.'

내 마음속에
조용히 속삭여 주는 듯해.

옥상에 있는 나만의 정원에
잎이 커다란 호박과
울타리를 타고 오르는 호야,

여러 초록빛을 뽐내는 식물을 심어
작은 숲을 만들어 보자.

정원 한가운데에 앉아
햇살을 느끼고
바람을 들이마시다 보면

어느새 모든 걱정이
스르르 사라지게 될 거야.

화창한 날씨에 거리를 걷다 보면
왠지 특별한 일이 생길 것 같은
기분 좋은 예감이 들어.

처음 가 보는 골목 끝,
작고 아담한 카페 안에서

귀여운 고양이 직원이
꼬리를 살랑이며 다가와
야옹거리며 인사를 건네줄지도 몰라.

특별한 하루는 언제나
예상하지 못한 순간에 찾아오니까.

어릴 적에는
창문 밖으로 종이컵을 던지며
누군가와 통화하는 상상을 하곤 했어.

문득 그때의 기억이 떠올라
종이컵 끝에 실을 달아
조심스레 창밖으로 던져 보았지.

혹시라도 누군가 길을 걷다 발견하면
언젠가 내 물음에
작은 목소리로 답해 줄 거야.

시간이 아무리 오래 걸려도
마음은 언젠가 닿게 되어 있어.

수상한 서점에서 산 책을
가만히 들여다보았어.

혹시 너는 어떤 모습을 담고 있을까?
주황색 줄무늬를 가졌을까?
빨갛고 예쁜 꼬리를 흔들고 있을까?

이제 조금씩
너의 모습이 보이는 것 같아.

화창하고 기분이 들뜨는 날엔
발코니에 나가
좋아하는 노래를 불러 봐.

무슨 노래일까 궁금해진 고양이들이
여기저기 자리를 잡고 앉아

아무 관심 없는 척
슬쩍 딴청을 부리면서도
가만히 귀를 기울여 줄 거야.

지금 이 즐거운 마음을
우리 함께 노래로 나눠 보자.

시곗바늘이 흐르는 동안
긴 꿈에서 깨어나길 바라며
모두가 잠든 우리를 기다려 주었어.

이제 잠결을 털어 내고
맑은 공기를 들이마셔 봐.

좋은 꿈처럼 포근한 하루가
곧 우리 앞에 펼쳐질 테니까.

밀가루, 버터, 설탕, 바닐라 등
달콤한 재료들을 한데 모아
기뻐할 너를 떠올리며 빵을 굽기 시작해.

따뜻한 오븐 속에서
서서히 부푸는 반죽을 바라보니
내 마음도 어느새 몽글몽글 부풀어 올라.

조금은 서툴고 엉성하더라도
너를 생각하며 데워진 이 마음이
오래도록 식지 않기를 바라.

꽃처럼 핀 딸기 케이크,
알록달록한 과일로 속을 채운 샌드위치,
향긋한 홍차 향이 밴 쿠키.

네가 오기만을 기다리며
좋아하는 것들로 진열대를 가득 채웠어.

이 중에 네 마음에 쏙 드는 달콤함이 있을까?
그 달콤함은 어떤 모습이었는지
나에게 살며시 들려줘.

느슨하게 열려 있던 책 속에서
무언가가 잔뜩 쏟아져 나왔어.

페이지 사이사이에 숨어 있던 문장들과
소리 없이 눌려 있던 이야기들이
오래도록 누군가의 시선을 기다리다
마침내 책 밖으로 나왔나 봐.

마치 눈길 하나라도 닿기를
간절히 바라고 있었던 것처럼.

이런저런 생각들로
마음이 복잡해지면
주변도 어느새 엉망이 되어 버려.

온통 뒤엉킨 그 공간에
가만히 앉아 있다 보면
어떤 마음들이
너울을 일으키는 것 같아.

그 고요한 감정들은
도대체 어디서 밀려오는 걸까.

아마도 지난날
차곡차곡 모아 두었던 마음들이
기운 내라고
다정히 나를 보듬어 주는 건 아닐까.

그거 알고 있니?

책마다 서로 다른 이야기를 품고 있듯이
책 속엔 저마다
빛깔도 모양도 다른 물고기들이 살고 있어.

그 물고기들은
종이의 결을 따라 유영하고
글자 사이를 헤엄치며
자신만의 이야기를 녹여 내지.

상상으로 가득 찬 이 서점은
마치 바닷속 어딘가에
희미하게 떠 있는 작은 섬 같아.

앞으로의 여행길에서
어떤 일들이 나를 기다리고 있을지
생각만 해도 마음이 두근거려.

사실 캐리어 속을 가득 채운 건
여행지에서 입을 예쁜 옷도,
우리의 추억을 담아 줄 카메라도,
가고 싶은 곳을 잔뜩 적어 놓은 수첩도 아닌

기대감으로 부푼
내 마음이었는지도 몰라.

두꺼운 우주복을 입고
한 손엔 여행 가방을 든 채
우주로 여행을 떠나게 된다면
과연 어떤 기분일까?

너와 함께
아무도 없는 캄캄한 우주를
자유롭게 부유하며
보고 싶던 것들을
마음껏 바라보고 싶어.

여행이 끝나도
밤하늘을 떠돌던 그 기분은
아마도 오래도록
내 마음속에서 잊히지 않을 거야.

책장 깊숙한 곳에는
책으로부터 전화를 받을 수 있는
전화기가 있대.

어떤 날엔
모험을 마치고 돌아온 용사에게서,
그다음 날엔
힘든 시간을 이겨 내고
원하는 것을 이룬 주민에게서.
또 다른 날엔
여름을 좋아하는 작가가
목소리를 들려주기도 하지.

동화 같은 모험을 꿈꾸는 사람,
위로나 용기가 필요한 누군가가 다가오면
숨어 있던 전화기가 울릴 거야.

만약 그 전화를 받게 된다면
너는 어떤 말을 하고 싶어?

어떤 책을 읽을까
고민하며 도서관을 걷던 중에
달빛 사이로 스쳐 지나가는 너를 보았어.

이곳에서 너는
무엇을 찾고 있었니?

혹시 설렘이 담긴 이야기를
같이 찾아봐 줄래?

왠지 네가 골라주는 책이라면
그 어떤 이야기보다
더 마음이 간질간질해질 것 같거든.

산산이 흩어져 버린 너의 모습을
한 조각, 한 조각 모아 가.

차근차근 이어 붙이다 보면
내가 기억하고 있던 너의 모습이
조금씩 선명해질지도 몰라.

따뜻하게 빛나던 너를 닮아 갈수록
잃어버렸던 내 마음속 조각들도
점점 제자리를 찾아가는 듯한 기분이 들어.

모두가 잠든 새벽,
책상 앞에 앉아 있다가
문득 너를 생각했어.

지금 너는
어떤 시간을 보내고 있을까?

불쑥 스며든 너의 생각에
조용한 새벽 공기가
온통 너로 가득 차 버렸지.

이 밤이 다 지나
너를 마주할 수 있기를 바라며
고요히 새벽을 건너.

너의 숨결에 기대어 누운 밤,
고르게 흩어지는 숨소리를 들으니
온종일 어지러웠던 마음이
조금씩 차분히 가라앉는 것 같아.

이렇게 네 곁에 머물다 보면
내일도 괜찮을 거라는
따뜻한 확신을 품게 돼.

04

더 좋은 날이 올 거야

생각이 많은 날엔
하염없이 거리를 걷게 돼.

그러다 보면
우산 위로 고민들이
소복이 내려앉는 것 같거든.

마음을 가득 채운 걱정들도
어쩌면 하얀 눈처럼
내가 감당할 수 있을 만큼만
쌓였던 걸지도 몰라.

이 눈이 천천히 녹아내리면
나를 무겁게 짓누르던 생각들도
말끔히 사라질 거야.

평소보다 바쁜 일상에 치여
어둑해진 밤에 문을 열고 들어오면

희미한 불빛 아래
현관 앞에서 나를 기다리고 있던 고양이들이
말없이 다가와 나를 반겨 줘.

차갑고 얼얼했던 볼은
어느새 발그레하게 물들고,

내 마음의 색도
따뜻한 빛으로 천천히 번져 가.

평온하게 잠든 너를 바라보고 있으면
세상의 모든 고요가
나에게 스며드는 것 같아.

무엇보다 따스한 네 온기가
살며시 내 안에 흘러
마음속 걱정을 하나둘 밀어내고
그 자리에 잔잔한 따뜻함이 채워지고 있어.

밤하늘에 빛나는 별들은
사실 머나먼 우주에서 타오르며 빛나는 거래.

아득한 우주를 건너
반짝이는 별들을 바라보다가
나도 모르게 손끝에 작은 빛을 달아 보았어.

저 하늘의 별들도
혹시 이 빛과 같은 색을 머금고 있을까?

너와 나도 언젠가는
그렇게 눈부신 별이 될 수 있을까?

어슴푸레한 불빛만이 방 안을 비추는 밤,
우리는 다 같이 둘러앉아
서로의 숨소리에 잠시 귀를 기울였어.

오늘 밤이 지나기 전에
꼭 들려주고 싶은 이야기가 있었거든.

말로 전하긴 조금 쑥스러워서
그림자에 기대어
슬며시 내 마음을 꺼내 보려고 해.

손짓을 따라가다 보면
내가 어떤 이야기를 하고 싶은지 알게 될 거야.

가끔은 남들에게
내 모습을 보여 주고 싶지 않을 때도 있잖아.

그런 날엔 그냥
아무 말 없이 네 옆에 있어 줄게.

언젠가 나에게 너를 보여 주고 싶어지면
그때 천천히 이야기해 줘.

나는 언제나 이 자리에서
변함없이 널 기다리고 있을 테니까.

저 하늘 높이 떠 있는 달의 속을
몰래 찍어 본다면
어떤 알맹이가 톡 하고 나올까?

우리가 상상하던 것과는
전혀 다른 모양을 하고 있을지도 몰라.

겉과 속이 다르게 흐르는 그 모습이
왠지 내 마음을 닮은 것 같아.

그래서인지
자꾸만 달에게 마음이 가나 봐.

잠들지 못한 늦은 새벽,
방 한 켠에 우두커니 앉아
작은 물속 세상을 들여다봐.

어항을 채운 물고기 모양의 장난감들이
유유히 떠다니며 나에게 말을 걸어.

"걱정하지 마.
너의 밤이 외롭지 않도록
우리가 곁에서 어루만져 줄게."

그 말을 가만히 듣고 있으면
어둠은 저 멀리 물러나고
온 세상이 환하게 밝아지는 것 같아.

입김이 호호 서리는 날,
약속 장소 앞에서 너를 기다려.

차가운 공기에 볼은 시리지만
거리 가득 퍼지는 고소한 빵 냄새에
마음까지 따뜻해져서
추운 줄도 모르고 서 있게 돼.

매서운 겨울바람도
오늘은 왠지 괜찮게 느껴져.

우리끼리 작은 파티를 열자.
준비물은 우리가 가장 좋아하는 영화 한 편.

그 이야기 속에서
너와 함께 포근한 하루를 보내고 싶어.

좋아하는 걸 나눌 수 있는 사람이 있다는 건
참 고마운 일이야.

그렇게 우리의 추억 상자도
하나씩 차곡차곡 채워지고 있어.

날이 추워지면 유독 뜨개질이 생각나.
따뜻한 거실에 둘러앉아
한 코, 두 코 손끝을 따라가다 보면

아직은 서툴러서
몇 번이고 풀었다 뜨기를 반복하게 돼.

어딘가 고슬고슬한 완성작이 나오곤 하지만
그 안엔 우리가 함께한 시간도
고스란히 얽혀 있지.

침대 아래에
내가 좋아하는 것들을 하나둘 모아
나만의 비밀 공간을 만들었어.

이곳에선 어떤 이야기든 나눌 수 있고
밤새 좋아하는 노래를
실컷 부를 수도 있지.

언젠가 너도 이곳에 초대할게.
내게 소중한 것들을
너에게도 전부 보여 주고 싶거든.

설렘으로 물든 하늘에
너를 닮은 풍선이 내 곁을 맴돌며
조용히 말을 건네는 것 같아.

곧 나를 보게 될 거라고.
조금 이따가 만나자고.

그 말에 내 마음도
어느새 두둥실 떠올라.

저녁달도 뜨지 않은 하늘을 바라보다가
문득 네가 보고 싶어졌어.

그래서 숨을 가득 담아
너를 닮은 풍선을 띄워 보냈지.

반짝이던 네 모습과 똑 닮진 않았지만
점점 부풀어 오르는 풍선처럼
네 생각도 함께 커져만 가.

밤하늘을 환히 밝히는
네 얼굴이 오늘따라 더 그리워.

깊은 꿈속에서
나의 보금자리를 유영하며
밤의 풍경을 두 눈 가득 담았어.

모두가 깨어 있는 낮과는
사뭇 다른 그 모습이
꼭 낯선 곳에 다녀온 듯한 기분이었지.

새로운 밤의 분위기가 너무 아늑해서
들뜬 마음을 안은 채
천천히 다시 잠에 빠져들었더니,

캄캄한 꿈속인데도
누군가 조용히 곁에 다가와
나를 포근히 감싸안는 것만 같아.

손을 이리저리 움직이며
그림자를 만들어 봤어.

커튼에 비친 토끼는
금방이라도 밤하늘을 수놓을 것 같았지.

언젠가는 너와 함께
그 밤하늘에 그림자를 새겨 보고 싶어.

너의 손끝에서 피어날 그림자는
어떤 모습일까?

그 장면을 떠올리니
괜스레 설레고 기대되더라.

새하얀 눈이 소복이 쌓인 곳에
테이블보를 깔고
도란도란 이야기를 나누자.

빛나는 너의 모습은 눈 속에 스며
조금 다른 얼굴로 다가오지만
함께하는 시간만으로도 충분히 즐거워.

마치 하얀 눈들마저
우리의 온기를 닮아
이 순간을 더 아름답게 꾸며 주는 듯해.

잠깐 자리를 비운 사이,
귀여운 방해꾼이
그만 내 자리를 차지하고 앉아 버렸네.

길어진 작업 탓에
너를 제대로 바라보지 못해서였을까.
애써 괜찮은 척했지만
많이 서운했나 봐.

신경 쓰지 못한 시간만큼
이제는 너에게만 내 마음을 건네줄게.

쉴 새 없이 달리던 차를 세우고
잠시 시동을 껐어.

쏟아지는 별을 바라보며
나란히 누워 있다 보면
지루하기만 했던 자동차 안의 시간도
더없이 소중하게 느껴지곤 해.

숨이 벅찰 땐 한 박자 쉬어도 괜찮아.
다시 앞으로 나아가기 위해
오늘 밤은 마음껏 쉬어 보자.

지친 하루 끝에서
너를 꼭 끌어안은 채
가만히 이 밤을 느껴.

부드러운 바람이 스치듯 불어와
오늘처럼 버거운 밤도
곧 지나갈 거라고 토닥여 줘.

그 따뜻함이 전해져서일까,
그저 너와 함께 있다는 것만으로도
내겐 가장 큰 위로가 돼.

첫눈이 내릴 때면
어딘가 특별한 일이 찾아올 것만 같아.

작은 눈사람들이 춤을 추고
푸근한 고양이네 커피 트럭에 들러
너와 함께 따뜻한 음료를 나눠 마시는 상상처럼 말이야.

새하얀 첫눈이
너에게도 행복한 하루를 선물해 주었기를 바라.

눈송이들을 모아
올겨울 처음 만난 너를 만들었어.

손끝은 시렸지만
테이블 너머 마주 앉아
따뜻한 차와 달콤한 쿠키를 나눈 덕분에
내 안에도 천천히 온기가 퍼졌지.

함께한 이 겨울을 오래도록 간직하며
다가올 계절들에도
오늘처럼 포근히 머물 수 있기를.

Epilogue 🐾

예전부터 저는 잠시라도 숨 돌릴 틈이 생기면
꼭 공상에 빠지곤 했어요.
카페 창문 너머로 스쳐 지나가는 사람들,
창밖에서 들려오는 소리들,
바람에 흔들리는 나무들을 가만히 바라보고 있으면
마치 또 다른 일상이 펼쳐지는 것 같은 기분이 들어요.

나무가 바람에 흔들릴 때 나는 소리는 꼭 물고기가 헤엄치는 소리 같지 않아?
물가에 비친 세상 속에는 다른 무언가가 살고 있을 것 같지 않아?
길에서 우연히 마주친 고양이가 말을 거는 것 같지 않아?

멍하니 있는 동안 떠오른 수많은 질문들과 그런 상상들을
누군가와 나누고 싶다는 마음이 함께 피어났어요.
그렇게 움튼 생각과 마음들을 모아
그림으로 새로운 일상을 그려 보기 시작했어요.

머릿속을 떠다니는 상상들을 따라 그림을 그리다 보면
그 안에 담고 싶은 이야기를 여기저기 말하고 싶어지고
그 상상이 공감받기를 바라는 마음이
늘 마음 한구석에 자리하고 있었어요.

그래서 『어쩐지 좋은 일이 생길 것 같아』를 쓰게 되었을 때
이전에 작업한 그림들을 하나하나 들여다보며
'이 그림엔 이런 마음을 담고 싶었지.',
'무엇을 표현하고 싶었던 걸까.' 하고 다시 떠올려 보았어요.
그렇게 오래도록 꿈꿔 온 일상들을 차곡차곡 담아 보았습니다.

책 속에 나오는 장소가 내가 걸었던 거리를 떠올리게 하기를.
그림 속 주인공이 내 모습처럼 보이기를.
곳곳에 등장하는 고양이가 우리 집 고양이처럼 느껴지기를.

그렇게 매 순간, 우리가 살아가는 일상을 떠올리며
짧은 여행 같은 시간이 되기를 바랍니다.

어쩐지 좋은 일이 생길 것 같아

1판 1쇄 인쇄 2025년 08월 26일
1판 1쇄 발행 2025년 09월 02일

지 은 이   슬그림

발 행 인   정영욱
편집총괄   정해나
기획편집   박주선
디 자 인   정해나 이정아
마 케 팅   정지은 원희성 함유진 김형준 박설빈
마케팅지원 정지상
출판영업   강도원

펴 낸 곳   (주)부크럼
전   화   070-5138-9971~3 (도서기획제작팀)
홈페이지   www.bookrum.co.kr
이 메 일   editor@bookrum.co.kr
인스타그램 @bookrum.official
블 로 그   blog.naver.com/s2mfairy

ⓒ 슬그림, 2025
ISBN 979-11-6214-579-1(03800)

• 파본은 구입하신 서점에서 교환해드립니다.

• 이 책은 주식회사 부크럼과 저작권자와의 계약에 따라 발행한 것이므로 본사의 서면 허락 없이는 어떠한 형태나 수단으로도 이 책의 내용을 이용하지 못합니다.

• 오탈자 및 잘못 표기된 부분은 위 이메일 주소로 보내주시면 감사하겠습니다.